EMPFOHLENES BUCH:

Wer bist du wirklich?
Ein Guide zu den 16 Persönlichkeitstypen
ID16™©

Jarosław Jankowski

Wieso sind wir so verschieden? Wieso nehmen
wir auf unterschiedliche Art Informationen auf,
entspannen anders, treffen anders
Entscheidungen oder organisieren auf
verschiedene Weiseunser Leben?

„Wer bist du wirklich?" erlaubt es Ihnen, sich
selbst und andere Menschen besser zu verstehen.
Der im Buch enthaltene Test ID16 hilft Ihnen
dabei, Ihren Persönlichkeitstyp festzustellen.

Ihr Persönlichkeitstyp:
Enthusiast
(ENFP)

Ihr Persönlichkeitstyp:
Enthusiast
(ENFP)

Serie ID16™©

JAROSŁAW JANKOWSKI

LOGOS
MEDIA

Ihr Persönlichkeitstyp: Enthusiast (ENFP)

Diese Veröffentlichung hilft Ihnen, Ihr Potenzial besser zu nutzen, gesunde Beziehungen zu anderen Menschen aufzubauen und richtige Entscheidungen auf Ihrem Bildungs- und Berufsweg zu treffen. Sie sollte aber keineswegs als Ersatz für eine fachliche psychologische oder psychiatrische Beratung angesehen werden.

Der Autor sowie der Herausgeber übernehmen keine Haftung für eventuelle Schäden, die aufgrund der Nutzung dieser Publikation entstanden sind.

ID16™© ist eine vom Autor geschaffene Persönlichkeitstypologie, die nicht mit Typologien und Tests anderer Autoren oder Institutionen verglichen werden kann.

Aus Gründen der Lesbarkeit wurde im Text die männliche Form gewählt, nichtsdestoweniger beziehen sich die Angaben auf Angehörige beider Geschlechter.

Originaltitel: Twój typ osobowości: Entuzjasta (ENFP)

Übersetzung aus dem Polnischen: Wojciech Dzido, Lingua Lab, www.lingualab.pl

Redaktion: Martin Kraft, Lingua Lab, www.lingualab.pl

Technische Redaktion: Zbigniew Szalbot

Herausgeber: LOGOS MEDIA

Druckausgabe: ISBN 978-83-7981-129-8

eBook (EPUB): ISBN 978-83-7981-130-4

eBook (MOBI): ISBN 978-83-7981-131-1

Inhaltsverzeichnis

Einführung

Ihr Persönlichkeitstyp: Enthusiast (ENFP) stellt ein außergewöhnliches Nachschlagewerk zum *Enthusiast* dar, einem der 16 Persönlichkeitstypen ID16™©.

Dieser Guide ist Teil der Serie ID16™©, die aus 16 Bänden besteht, die den einzelnen Persönlichkeitstypen gewidmet sind. Sie liefern auf eine ausführliche und verständliche Art und Weise Antworten auf folgende Fragen:

- Wie denken und fühlen Menschen, die zum jeweiligen Persönlichkeitstyp gehören? Wie treffen sie Entscheidungen? Wie lösen sie Probleme? Wovor haben sie Angst? Was stört sie?

- Mit welchen Persönlichkeitstypen kommen sie gut klar, mit welchen hingegen nicht? Was für Freunde, Lebenspartner, Eltern sind diese Menschen? Wie werden sie von anderen betrachtet?

- Was für berufliche Voraussetzungen haben sie? In was für einem Umfeld arbeiten sie am effektivsten? Welche Berufe passen am besten zu ihrem Persönlichkeitstyp?

- Was können sie gut und an welchen Fähigkeiten müssen sie noch feilen? Wie können sie ihr Potenzial ausschöpfen und Fallen aus dem Weg gehen?

- Welche bekannten Personen gehören zum jeweiligen Persönlichkeitstyp?

- Welche Gesellschaft verkörpert die meisten Charakterzüge des jeweiligen Typs?

In diesem Buch finden Sie ebenso die wichtigsten Informationen zur Persönlichkeitstypologie ID16™©.

Wir hoffen, dass es Ihnen dabei hilft, sich selbst und andere Menschen besser zu verstehen und kennenzulernen.

DIE HERAUSGEBER

ID16™©
im Kontext Jungscher
Persönlichkeitstypologien

ID16™© gehört zur Familie der sog. Jungschen Persönlichkeitstypologien, die auf der Theorie von Carl Gustav Jung (1875-1961) basieren – einem Schweizer Psychiater und Psychologen und einem der wichtigsten Vertreter der sog. Tiefenpsychologie.

Auf Grundlage langjähriger Forschungen und Beobachtungen kam Jung zur Schlussfolgerung, dass die Unterschiede in der Haltung und den Vorlieben von Menschen nicht zufällig sind. Er erschuf daraufhin die heute bekannte Unterscheidung in Extrovertierte und Introvertierte. Ferner unterschied Jung vier Persönlichkeitsfunktionen, die zwei gegensätzliche Paare bilden: Empfindung – Intuition und Denken – Fühlen. Jung betonte, dass in jedem dieser Paare eine der Funktionen dominierend ist. Er kam zur Einsicht, dass die dominierenden Eigenschaften eines jeden Menschen stetig und unabhängig von externen Bedingungen sind, ihre Resultante hingegen der jeweilige Persönlichkeitstypus ist.

Im Jahre 1938 erschufen zwei amerikanische Psychiater, Horace Gray und Joseph Wheelwright, den ersten Persönlichkeitstest, der auf der Theorie von Jung basierte und die Bestimmung dominierender Funktionen in den drei von ihm beschriebenen Dimensionen ermöglichte: **Extraversion-Introversion**, **Empfindung-Intuition** sowie **Denken-Fühlen.** Dieser Test wurde zur Inspiration für andere Forscher. Im Jahre 1942, ebenfalls in den USA, begannen wiederum Isabel Briggs Myers und Katharine Briggs ihren eigenen Persönlichkeitstest anzuwenden. Sie erweiterten das klassische, dreidimensionale Modell von Gray und Wheelwright um eine vierte Dimension: **Bewertung-Beobachtung**. Die meisten der späteren Typologien und Persönlichkeitstests, die auf der Theorie von Jung basierten, übernahmen daraufhin auch diese vierte Dimension. Zu ihnen gehört auch u. a. die amerikanische Studie aus dem Jahre 1978 von David W. Keirsey sowie der Persönlichkeitstest von Aušra Augustinavičiūtė aus den 1970er Jahren. In den folgenden Jahrzehnten folgten Forscher aus der ganzen Welt, womit sie weitere vierdimensionale Typologien und Tests erschufen, die an lokale Bedingungen und Bedürfnisse angepasst wurden.

Zu dieser Gruppe gehört die unabhängige Persönlichkeitstypologie ID16™©, die in Polen vom Pädagogen und Manager Jarosław Jankowski erarbeitet wurde. Diese Typologie, die im ersten Jahrzehnt des 21. Jahrhunderts veröffentlicht wurde, basiert ebenfalls auf der klassischen Theorie von Carl Gustav Jung. Ähnlich wie auch andere moderne Jungsche

Typologien reiht sie sich in die vierdimensionale Persönlichkeitsanalyse ein. Im Falle von ID16™© werden diese Dimensionen als **vier natürliche Veranlagungen** bezeichnet. Diese Veranlagungen haben einen dichotomischen Charakter, ihre Charakteristik hingegen liefert Informationen über die Persönlichkeit eines Menschen. Die Analyse der ersten Veranlagung hat die Bestimmung einer dominierenden **Lebensenergiequelle** zum Ziel (äußere oder innere Welt). Die zweite Veranlagung wiederum bestimmt die dominierende Art und Weise, wie **Informationen aufgenommen werden** (mithilfe von Sinnen oder Intuition). Die dritte Veranlagung hingegen determiniert die dominante **Entscheidungsfindung** (Verstand oder Herz). Die Analyse der letzten Veranlagung schlussendlich liefert den dominanten **Lebensstil** (organisiert oder spontan). Die Kombination aller natürlichen Veranlagungen ergibt im Endresultat einen von **16 möglichen Persönlichkeitstypen**.

Eine besondere Eigenschaft der Typologie ID16™© ist ihre praktische Dimension. Sie beschreibt die einzelnen Persönlichkeitstypen in der Praxis – auf der Arbeit, im Alltag oder in zwischenmenschlichen Kontakten und Beziehungen. Diese Typologie konzentriert sich nicht auf die innere Dynamik der Persönlichkeit und versucht nicht, eine theoretische Erklärung für innere, unsichtbare Prozesse zu finden. Viel mehr versucht sie zu erläutern, wie die jeweilige Persönlichkeit nach außen wirkt und welchen Einfluss sie auf ihr Umfeld nimmt. Diese Fokussierung auf den sozialen Aspekt einer jeden Persönlichkeit stellt eine Gemeinsamkeit mit der o. g. Typologie von Aušra Augustinavičiūtė dar.

Jeder der 16 Persönlichkeitstypen ID16™© ist eine Resultante natürlicher Veranlagungen des Menschen. Die Zuschreibung zum jeweiligen Typus birgt aber keine Bewertung. Keiner der Typen ist besser oder schlechter als die anderen. Jeder von ihnen ist schlichtweg anders und verfügt über seine eigenen starken und schwachen Seiten. ID16™© erlaubt es, diese Unterschiede zu identifizieren und sie zu beschreiben. Er hilft einem dabei sich selbst zu verstehen und seinen Platz auf dieser Welt zu finden.

Die Tatsache, dass Menschen ihr eigenes Persönlichkeitsprofil kennen, erlaubt es ihnen, voll und ganz ihr Potenzial zu nutzen und an all jenen Gebieten zu arbeiten, die ihnen Probleme bereiten könnten. Es ist eine unschätzbare Hilfe im Alltag, bei der Suche nach Problemlösungen, beim Aufbau gesunder zwischenmenschlicher Beziehungen sowie bei der Entscheidungsfindung auf dem Bildungs- und Berufsweg.

Die Identifizierung des Persönlichkeitstypus ist kein willkürlicher oder mechanischer Prozess. Jeder Mensch ist als „Inhaber und Nutzer seiner Persönlichkeit" in vollem Maße kompetent zu entscheiden, zu welchem Typus er gehört. Somit haben Menschen eine Schlüsselrolle in diesem Prozess. Solch eine Selbstidentifizierung kann zum einen dadurch erfolgen, dass man sich die Beschreibungen aller 16 Persönlichkeitstypen durchliest und schrittweise die Auswahl einengt. Zum anderen kann man aber auch den schnelleren Weg wählen und den Persönlichkeitstest ID16™© ausfüllen. Auch in diesem Falle spielt der „Nutzer einer Persönlichkeit" die Schlüsselrolle, denn das Ergebnis des Tests hängt einzig und allein von seinen Antworten ab.

Die Identifizierung soll dabei helfen, sich selbst und andere zu verstehen, wenngleich sie keinesfalls als Orakel für die Zukunft angesehen werden sollte. Der Persönlichkeitstyp sollte zudem nie unsere Schwächen oder schlechte Beziehungen zu anderen Menschen rechtfertigen (obwohl er helfen sollte, die Gründe hierfür zu verstehen)!

Im Rahmen von ID16™© wird die Persönlichkeit nie als statisch, genetisch determinierter Zustand verstanden, sondern als Resultante angeborener und erworbener Eigenschaften. Solch eine Perspektive vernachlässigt nicht den freien Willen und kategorisiert nicht. Sie eröffnet viel mehr neue Perspektiven und regt zur Arbeit an sich selbst an, indem sie Bereiche aufzeigt, in denen dies am meisten benötigt wird.

Der Enthusiast (ENFP)

PERSÖNLICHKEITSTYPOLOGIE ID16™©

Profil

Lebensmotto: *Wir schaffen das!*

Energisch, enthusiastisch und optimistisch. Sie sind lebensfreudig und sind mit den Gedanken in der Zukunft. Dynamisch, scharfsinnig und kreativ. *Enthusiasten* mögen Menschen und schätzen ehrliche und authentische Beziehungen. Sie sind herzlich und emotional. *Enthusiasten* können aber schlecht mit Kritik umgehen. Sie verfügen über Empathie und erkennen die Bedürfnisse, Emotionen und Motive anderer Menschen. Sie inspirieren und stecken andere mit ihrem Enthusiasmus an.

Enthusiasten mögen es, im Zentrum der Aufmerksamkeit zu sein. Sie sind flexibel und vermögen es, zu improvisieren. Sie neigen zu idealistischen Ideen. *Enthusiasten* lassen sich einfach ablenken und haben

Probleme damit, viele Angelegenheiten zu Ende zu bringen.

Natürliche Veranlagungen des *Enthusiasten*

- Die Quelle seiner Lebensenergie: seine äußere Welt.
- Informationsaufnahme: Intuition.
- Art und Weise wie Entscheidungen getroffen werden: Herz.
- Lebensstil: spontan.

Ähnliche Persönlichkeitstypen

- *Berater*
- *Idealist*
- *Mentor*

Statistische Angaben

- *Enthusiasten* stellen ca. 5-8 % der Gesellschaft dar.
- Unter *Enthusiasten* überwiegen Frauen (60 %).
- Das Land, welches dem Profil des *Enthusiasten* entspricht, ist Italien.[1]

Buchstaben-Code

Der universelle Code des *Enthusiasten* ist in den Jungschen Persönlichkeitstypologien ENFP.

---

[1] Dies bedeutet nicht, dass alle Einwohner von Italien zu dieser Gruppe gehören, wenngleich die italienische Gesellschaft – als Ganzes – viele charakteristische Eigenschaften des *Enthusiasten* verkörpert.

Allgemeines Charakterbild

Enthusiasten lieben das Leben und vermögen es, jeden Augenblick zu genießen. Sie mögen es dort zu sein, wo etwas los ist. Von Natur aus sind *Enthusiasten* Optimisten – sie blicken hoffnungsvoll in die Zukunft und glauben an Menschen. *Enthusiasten* mögen Veränderungen und neue Erfahrungen. Sie möchten immerfort neue Ideen kennenlernen, neue Orte entdecken und neue Menschen treffen.

Sie versuchen, im Rampenlicht zu stehen und brauchen den Kontakt zu anderen Menschen. Zur Einsamkeit verurteilt und abgeschnitten von der Welt verfallen sie in Stagnation. *Enthusiasten* schätzen gute Beziehungen zu anderen Menschen und legen großen Wert auf die Sympathie ihres Umfelds. Sie versuchen jedoch diese nicht um jeden Preis zu gewinnen (bspw. indem sie entgegen ihrer Überzeugung handeln). *Enthusiasten* mögen es nicht, kontrolliert, geprüft, in Schubladen gesteckt und Druck ausgesetzt zu werden. Sie selbst schätzen ebenso die Freiheit und Unabhängigkeit anderer Menschen.

Wahrnehmung und Gedanken

Enthusiasten sind wissbegierig und suchen stets nach neuen Inspirationen. Für gewöhnlich interessieren sie sich für neue und inspirierende Ideen. Sie nehmen mit Einfachheit komplexe Konzepte und abstrakte Theorien auf. *Enthusiasten* gehen an Probleme und Phänomene auf kreative – oftmals innovative – Art und Weise heran. Sie erkennen Zusammenhänge zwischen einzelnen Fakten und Phänomenen, womit sie schneller als andere zu Lösungen gelangen. In den sie umgebenden Ereignissen und Gegebenheiten suchen sie manchmal nach versteckten Inhalten oder

Hinweisen. Für gewöhnlich sind *Enthusiasten* originell, unkonventionell, ideenreich und zukunftsorientiert. Sie zeichnen sich durch unglaublichen Optimismus und Enthusiasmus aus (daher auch die Bezeichnung für diesen Persönlichkeitstyp).

Ihre Haltung inspiriert andere Menschen und verleiht diesen Glauben an den Erfolg. *Enthusiasten* selbst sind für gewöhnlich fest davon überzeugt, dass die Unterfangen, derer sie sich annehmen, mit Erfolg gekrönt sein werden. Dabei lassen sie sich nicht von Hindernissen und Widrigkeiten abschrecken. Wenn sie die potenziellen Möglichkeiten kennen, sind sie bereit, das Risiko in Kauf zu nehmen und unberührte Pfade zu beschreiten, nur um diese Möglichkeiten nutzen zu können (es fällt ihnen schwer mit dem Bewusstsein zu leben, dass Chancen nicht genutzt wurden).

Haltung gegenüber anderen Menschen

Enthusiasten vermögen es, auf das Verhalten anderer Menschen Einfluss zu nehmen oder gar sie zu manipulieren. Für gewöhnlich nutzen sie diese Fähigkeiten jedoch auf eine positive Art und Weise, bspw. indem sie andere Menschen dazu anregen, ihre Talente zu entdecken, sie zum Handeln motivieren oder ihr Selbstwertgefühl steigern.

Wenn sie ein Problem lösen, sind *Enthusiasten* imstande, zu seinem Kernpunkt zu gelangen und sich nicht von etwaigen Täuschungen irreführen zu lassen. *Enthusiasten* empfinden außergewöhnliche Empathie – Gefühle, Emotionen und sogar verstecke Motive anderer Menschen stellen für sie kein Geheimnis dar. Sie sind sogar imstande, Situationen, Empfindungen und Bedürfnisse anderer Menschen besser zu beschreiben als diese selbst. Es kommt vor, dass sie die Rolle von „Vertretern" anderer Menschen einnehmen. Viele Personen erachten ihre außergewöhnlichen interpersonellen Fähigkeiten (bspw. das Vermögen, fremde Geheimnisse zu erkennen) als etwas fast schon Magisches. Es gibt in ihnen aber nichts Übernatürliches – *Enthusiasten* haben einfach eine ausgeprägte Intuition und sind hervorragende Beobachter, die nicht nur auf Worte achten, aber auch auf nonverbale Signale.

Die Unterstützung anderer Menschen macht ihnen große Freude. Sie freuen sich wirklich, wenn sie sehen, dass andere – durch ihre Hilfe – anfangen, von ihren Fähigkeiten Gebrauch zu machen und an sich selbst glauben. Dahingegen sind *Enthusiasten* betrübt, wenn ihre Bemühungen fehlschlagen und Menschen nicht imstande sind (bzw. es nicht wollen), ihr eigenes Potenzial zu nutzen.

Enthusiasten denken oft an andere Menschen. Von Natur aus gesellig können sie keine Einzelgänger sein, da andere Menschen einen wichtigen Teil ihres Lebens darstellen. Für gewöhnlich vermögen sie es, die Emotionen anderer hervorragend abzulesen, sogar auf Entfernung! Wenn sie Briefe oder E-Mails von Bekannten lesen, versetzen sie sich in deren Lage und denken daran, was diese erleben und wie sie sich fühlen. Die Bedürfnisse anderer stehen bei *Enthusiasten* oftmals an erster Stelle.

In den Augen anderer Menschen

Ihre Herzlichkeit, Wärme und ehrliches Interesse wirkt auf Menschen wie ein Magnet. Einige reizt jedoch ihre Gesprächigkeit, ihr extremer Optimismus (oftmals als Naivität verstanden), ihre Unpünktlichkeit und Unzuverlässigkeit.

Enthusiasten passiert es tatsächlich, dass sie ihr Wort nicht halten können. Dies ist aber keineswegs ein bewusstes Handeln oder – wie einige denken – gewollte Verachtung anderer Menschen. *Enthusiasten* geben nämlich nie ein Versprechen mit der Absicht, es nicht zu halten. Sie lassen sich aber so sehr von neuen Herausforderungen begeistern, dass sie frühere Verpflichtungen vergessen und sich so komplett für die neue Aufgabe engagieren (bis zum Augenblick, dass neue Herausforderungen auftauchen). Diese Haltung bewirkt manchmal, dass sie als unzuverlässige, chaotische und unkonkrete Menschen angesehen werden.

Dahingegen stören sich *Enthusiasten* an unnatürlichem Verhalten. Es fällt ihnen nicht leicht die Gründe zu verstehen, die Menschen dazu verleiten, sich als jemand anderes auszugeben. Sie regen sich auch über Passivität, Skeptizismus und chronischen Pessimismus auf. *Enthusiasten* verstehen Menschen nicht, die sich ständig beklagen und allen neuen Ideen kritisch gegenüberstehen.

Entscheidungen

Enthusiasten lassen sich gerne beraten, bevor sie eine Entscheidung treffen. Sie hören auf Ratschläge anderer Menschen und wissen ihre Erfahrungen für sich zu nutzen. Für gewöhnlich zählen sie auf die Meinung von Experten und allgemein anerkannten Autoritäten. *Enthusiasten* richten sich nach ihrer (normalerweise bewährten) Intuition und verfügen über ein hervorragendes Gefühl für die jeweilige Situation. Sie denken stets darüber nach, wie ihre Entscheidung von ihrem Umfeld aufgenommen wird und welchen Einfluss sie auf andere Menschen ausübt. Deswegen sind sie nicht imstande, Entscheidungen ohne den „menschlichen Faktor" zu treffen und vertrauen Menschen nicht, die Entscheidungen nur auf Grundlage trockener Daten und Fakten treffen.

Organisation

Die Kraft, die *Enthusiasten* vorantreibt, ist ihr Enthusiasmus. Sie betrachten die Welt oftmals durch eine rosarote Brille und erkennen potenzielle Gefahren nicht, weswegen sie sich nicht selten für gefährliche Unterfangen engagieren und riskante Maßnahmen ergreifen. *Enthusiasten* sind überaus spontan und flexibel. In der Regel bringen sie nicht viel Zeit für Überlegungen und Vorbereitungen auf – wenn sie eine Idee haben, versuchen *Enthusiasten* sie sofort umzusetzen. Für gewöhnlich kommen sie besser mit vielen kleineren Projekten klar, als mit einer komplexen Aufgabe, die nach systematischer, mehrmonatiger Arbeit verlangt. Normalerweise mögen *Enthusiasten* auch keine Routine und Wiederholbarkeit (bspw. im Büro, Aufräumen, Einkäufe). Sie sehen solche Tätigkeiten als Eingrenzung, Last und Zeitverschwendung an (vor allem, da die Zeit für aufregendere und kreativere Aufgaben verwendet werden könnte).

Enthusiasten sind von Natur aus keine guten Organisatoren und Planer, da sie eher nach einem Impuls handeln. Sie haben auch oft Probleme mit der effizienten Nutzung ihrer Zeit und der Verwaltung von Geld. Ihre finanzielle Situation kann deswegen oft instabil sein. Nicht selten passiert es auch, dass sie viel Geld für Luxusgüter ausgeben und später Geld leihen müssen, um grundlegende Einkäufe zu tätigen. Ihr Umgang mit Geld bewirkt ferner, dass

Enthusiasten häufiger als andere Menschen zur Kreditkarte greifen.

Kommunikation

Enthusiasten sind gute Redner. Wenn sie sich unter Menschen befinden, ergreifen sie gerne das Wort. Öffentliche Auftritte stellen für sie in der Regel kein größeres Problem dar. *Enthusiasten* vermögen es, auf klare und verständliche Art und Weise schwierige Tatsachenbestände zu erklären und bedienen sich dabei interessanter Geschichten und Beispiele. Zudem besitzen sie Überredungsgabe und können somit andere Menschen von ihrer Meinung überzeugen.

Wenn *Enthusiasten* sich mit Freunden und Bekannten unterhalten, erzählen sie oft und gerne Witze und Anekdoten, die sie oftmals ausschmücken. Ihre Erzählungen sind voller Emotionen und Begeisterung, viele Zuhörer sind auf ihre Abenteuer und ihr abwechslungsreiches Leben neidisch. *Enthusiasten* sind sich oft nicht im Klaren, dass sie eine Diskussion komplett dominieren bzw. andere nicht zu Wort kommen lassen (auch wenn sie einen Monolog führen, denken sie manchmal, dass sie ein großartiges Gespräch geführt haben). Ein weiteres Problem ist, dass *Enthusiasten* gerne und viel reden – sie sind imstande, stundenlang zu reden und gar einen Wortfluss von sich zu lassen, was für manche Menschen schwer zu ertragen ist.

In Stresssituationen

Für *Enthusiasten* sind Konflikte sowie Gleichgültigkeit bzw. Kritik seitens anderer Menschen die häufigsten Gründe für Stress. Langfristige Spannungen bewirken manchmal, dass sie stur werden und andere böser Absichten verdächtigen. Zum Glück vermögen es *Enthusiasten* jedoch, hervorragend zu entspannen. Wenn sie im Modus „Freizeit und Spaß" sind, vergessen sie all ihre Probleme und Pflichten. In der Regel bevorzugen *Enthusiasten* es, aktiv ihre Freizeit zu verbringen. Darüber hinaus mögen sie auch Treffen mit Familie und Freunden, weswegen sie solche auch gerne organisieren. Ab und an versuchen *Enthusiasten* mithilfe von Genussmitteln oder starken, sinnlichen Eindrücken Stress abzubauen.

Sozialer Aspekt der Persönlichkeit

Enthusiasten knüpfen recht schnell neue Kontakte. Sie sind sehr offen und man kann sich ihnen leicht nähern. Bereits nach einer kurzen Bekanntschaft haben Menschen den Eindruck, dass sie sich seit langem kennen. In zwischenmenschlichen Beziehungen sind *Enthusiasten* sehr flexibel und versuchen, den Bedürfnissen anderer entgegenzukommen (wobei sie manchmal ihre eigenen vernachlässigen). All dies bewirkt, dass andere sich in ihrer Gesellschaft sehr wohl fühlen.

Enthusiasten selbst mögen es auch, unter Leuten zu sein. Ihnen ist Anerkennung, Akzeptanz sowie das Interesse vonseiten anderer sehr wichtig. Sie begegnen Bekanntschaften mit anderen Menschen mit Begeisterung, vermögen es, sie zu *unterhalten*, zu loben und sogar zu kokettieren. Dabei weisen sie sehr viel Gefühl und Empathie auf. *Enthusiasten* wissen, wie man sich in der jeweiligen Situation verhalten sollte und vermögen es, sich an die Gegebenheiten und den emotionalen Zustand anderer Menschen anzupassen.

Sie lernen gerne neue Leute kennen und möchten ehrliche und hervorragende Bindungen aufbauen. *Enthusiasten* haben die Tendenz dazu, Ideale zu suchen (bspw. ideale Freunde oder Kandidaten als Lebenspartner). Ferner sind ihnen gute Beziehungen zu anderen Menschen wichtig, weswegen sie alles Erdenkliche tun, um Konflikte zu vermeiden. In der Regel sind sie auch nicht imstande, andere bewusst zu verletzen. Vielmehr fällt es ihnen sogar schwer, andere Menschen für ihre Ansichten zu kritisieren oder sie auf ihr unangepasstes Verhalten aufmerksam zu machen (sie bevorzugen es, zu schweigen und unterdrücken so ihre negativen Emotionen).

Enthusiasten vertragen schlecht Gleichgültigkeit und Schweigsamkeit anderer Menschen. Sie verstehen solch ein Verhalten nicht und es fällt ihnen schwer, sich damit abzufinden. Für gewöhnlich gehen sie (fälschlicherweise) davon aus, dass keine Reaktion Feindseligkeit bedeutet.

Unter Freunden

Enthusiasten schätzen authentische und ehrliche Beziehungen unter Freunden. Die Bekanntschaft mit neuen Menschen, Gespräche mit Bekannten, gemeinsame Zeit mit Freunden – all dies ist die Essenz ihres Lebens. Wenn sie von anderen Menschen abgeschottet sind, ist ihr Leben trist und verliert an Geschmack.

Enthusiasten vermögen es, sehr schnell andere Menschen „zu lesen". Es kommt vor, dass sie bei einem Gespräch bereits nach einigen Minuten wissen, ob jemand „auf derselben Wellenlänge" ist und ob sie sich mit dieser Person verständigen werden. Beziehungen zu anderen Menschen haben bei *Enthusi-*

asten allerhöchsten Stellenwert. Für gewöhnlich haben sie viele Bekannte und sind die Seele der Gesellschaft. Andere Menschen mögen es, mit ihnen Zeit zu verbringen, da *Enthusiasten* vor positiver Energie strotzen und humorvoll sind. Darüber hinaus sind sie sehr herzlich und zeigen dies auch. *Enthusiasten* respektieren Individualismus und achten auf die Bedürfnisse anderer. Ihre Bekanntschaften sind sehr intensiv, halten aber oft nicht lange. Wenn sie einen neuen Menschen kennenlernen, wenden *Enthusiasten* für sie ihre komplette Beachtung und Energie auf, wobei sie dabei ihre alten Bekanntschaften aus den Augen verlieren können.

Von Natur aus sprechen *Enthusiasten* offen über ihre Gefühle und gehen nicht sparsam mit Lob um. Es fällt ihnen schwer, sich mit Menschen anzufreunden, die ihre Emotionen verbergen und ihre Gedanken nicht in Worte fassen. *Enthusiasten* empfinden solch ein Verhalten nämlich oft als Anzeichen für Widerwillen. Ein kühles, unfreundliches Umfeld, aus dem sie sich nicht zurückziehen können (bspw. auf der Arbeit) ruft bei *Enthusiasten* großes Unbehagen und Druck aus. Die beste Art und Weise, wie sie Stress abbauen können, ist die gemeinsame Zeit mit ihren Freunden und Familienangehörigen.

Enthusiasten sind fast immer inmitten anderer Menschen und haben viele Bekannte. Die meisten ihrer Beziehungen sind aber oberflächlich, denn sie lassen sich so einfach ablenken, dass sogar ihr engster Freundeskreis oftmals den Eindruck gewinnt, man könne *Enthusiasten* nicht voll und ganz für sich beanspruchen. *Enthusiasten* haben für gewöhnlich nur einige sehr nahestehende Freunde. Am häufigsten sind es *Berater, Idealisten, Moderatoren* oder andere

Enthusiasten. Am seltensten hingegen *Inspektoren, Administratoren* und *Praktiker.*

In der Ehe

In der Ehe sind *Enthusiasten* sehr ergebene und fürsorgliche Partner. Sie bringen in die Beziehung viel Wärme, Enthusiasmus, Energie, Kreativität und Humor mit. Ihnen liegt viel an dem Glück und dem guten Befinden ihrer Partner, weswegen sie ihren Bedürfnissen entgegenkommen, ihnen viel Wärme zeigen und liebevolle Gesten und Worte parat haben.

Sie selbst brauchen auch Wärme, Nähe und Akzeptanz. *Enthusiasten* beobachten ununterbrochen den Status ihrer Beziehung und vermögen es, Probleme von vornherein zu spüren. Es ist einfach, sie zu verletzen, da sie alle bissigen Anmerkungen und negativen Kommentare oder gar Gleichgültigkeit seitens ihrer Liebsten sehr persönlich nehmen. *Enthusiasten* mögen es nicht, schwierige und unangenehme Angelegenheiten zu besprechen und versuchen um jeden Preis, Konflikten und Streitigkeiten aus dem Weg zu gehen. Sie bevorzugen es zu leiden, statt ihren Partner mitzuteilen, dass etwas ihnen wehtut. Sie vermögen es oft auch nicht, sich aus schlechten und toxischen Beziehungen zurückzuziehen.

Wenn in ihrer Ehe Probleme auftauchen, sind *Enthusiasten* sehr berührt und fühlen sich dafür verantwortlich. Bei Trennungen wiederum werfen sie sich vor, dass sie nicht alles gemacht haben, was in ihrer Macht stand, um die Beziehung zu retten. In der Regel nehmen sie ihre Pflichten sehr ernst, wenngleich es vorkommt, dass es *Enthusiasten* sind, die Probleme in der Beziehung hervorrufen. Ihre Vorliebe für Veränderungen und Experimente, die Träume von einer perfekten Liebe sowie Abneigung gegen Routine können nämlich dazu führen, dass sie Erfahrungen auch außerhalb ihrer Beziehung suchen. Solch eine Gefahr besteht gerade dann, wenn ihre Partner ihre Leidenschaften, ihre Begeisterung sowie ihre Neugier nicht teilen. Das, was aber positiven Einfluss auf die Beständigkeit ihrer Beziehungen hat, ist ihre Fürsorge und tief verankerte Werte.

Natürliche Kandidaten als Lebenspartner sind für *Enthusiasten* Personen mit verwandten Persönlichkeitstypen: *Berater*, *Idealisten* oder *Mentoren*. In solchen Beziehungen ist es für sie einfacher, gegenseitiges Verständnis und harmonische Beziehungen aufzubauen. Die Erfahrung zeigt aber, dass Menschen imstande sind, Beziehungen auch mit Personen einzugehen, deren Typ offensichtlich völlig verschieden ist. Umso interessanter sind diese Beziehungen, da die Unterschiede zwischen den Partnern der Beziehung Dynamik verleihen und Einfluss auf die persönliche Entwicklung nehmen können. Viele Personen bevorzugen diese Perspektive, die sich für sie interessanter gestaltet als eine harmonische Beziehung, in der ständig Übereinstimmung und gegenseitiges Verständnis herrscht.

Als Eltern

Als Eltern nehmen *Enthusiasten* ihre Pflichten sehr ernst. Sie kümmern sich um die Entwicklung ihrer Kinder und übermitteln ihnen all jene Werte, an die sie selbst glauben. *Enthusiasten* umgeben ihren Nachwuchs mit viel Wärme, verleihen ihnen Selbstwertgefühl und sparen nicht mit Lob. Manchmal fühlen sich die Kinder (vor allem die älteren) gar verlegen von der Liebe und Fürsorge seitens ihrer Eltern (vor allem vor Gleichaltrigen). Sie schätzen jedoch die Tatsache, dass sie in schwierigen Lebenssituationen immer auf seelische und emotionale Unterstützung seitens ihrer Eltern zählen können.

Der angeborene Widerwille von *Enthusiasten* gegen sich wiederholende Routineaufgaben bewirkt, dass die Unterstützung ihrer Kinder bei alltäglichen Tätigkeiten (bspw. Hausaufgaben) für sie eine große Herausforderung darstellt. In den meisten Fällen führt ihre Sorge um das Wohl ihrer Kinder aber dazu, dass sie imstande sind, sich auch zu den weniger beliebten Aufgaben zu zwingen.

Enthusiasten sind für ihren Nachwuchs ausgezeichnete Spielpartner (für gewöhnlich haben sie selbst etwas von einem Kind in sich). Sie lieben Spiele, Abenteuer und jegliche Art von Experimenten. Die Zeit beim gemeinsamen Spielen ist also nicht nur für ihre Kinder eine spannende Attraktion, aber auch für *Enthusiasten* selbst. Ein Problem bei der Beziehung zu ihren Kindern ist dagegen ihre Inkonsequenz und Unbeständigkeit – das eine Mal sind sie sehr tolerant und nachsichtig, ein anderes Mal streng und ungeduldig. Diese Haltung wiederum bewirkt, dass ihre Kinder nicht imstande sind, die Beweggründe ihrer Eltern zu verstehen, weswegen sie das Gefühl von Stabilität und Sicherheit verlieren. *Enthusiasten* haben oftmals Probleme, ihre Kinder zu disziplinieren und von ihnen die Erfüllung ihrer Pflichten zu fordern. Dies trifft aber nicht auf Situationen zu, in denen das Verhalten ihrer Kinder die von den Eltern befolgten Werte antastet. In solchen Fällen zögern *Enthusiasten* nicht, zu reagieren, da sie davon überzeugt sind, dass es Grenzen gibt, die nicht überschritten werden dürfen.

Erwachsene Kinder von *Enthusiasten* erinnern sich gerne an ihre sorgenlose Kindheit und die warme und herzliche Atmosphäre zu Hause zurück.

Sie schätzen ihre Eltern auch dafür, dass diese ihre
Entscheidungen respektiert, sie unterstützt und sie
Empathie gelehrt haben.

Arbeit und Karriere

Enthusiasten finden sich mit Erfolg in unterschiedli-
chen, oft weit voneinander entfernten Berufsberei-
chen wieder. Für gewöhnlich verfügen sie über eine
sehr vielfältige Berufserfahrung, da viele von ihnen
relativ oft die Arbeit und im Verlauf ihres Lebens sogar mehrmals die Branche wechseln. Sie interessieren
sich am meisten für Aufgaben, die die Möglichkeit
bieten, zu schaffen, zu experimentieren und Probleme zu lösen. Dahingegen können sie Bürokratie,
Hierarchie, Routine und Wiederholbarkeit von Aufgaben sowie feste Prozeduren nicht leiden. Sie fühlen
sich schlecht in distanzierten, hierarchischen und
formalisierten Großunternehmen.

Aufgaben

Enthusiasten mögen Aufgaben, die es ihnen erlauben,
ihre Überzeugung auszudrücken und ihre Werte zu
realisieren. Sie fühlen sich wohl in gemeinnützigen
Institutionen, deren Tätigkeit positive und handfeste
Veränderungen im Leben der Gemeinschaft auf lo-
kaler, nationaler oder internationaler Ebene mit sich
bringt. *Enthusiasten* mögen es, im Bewusstsein zu leben, dass ihre Handlungen Einfluss auf das Leben
anderer Menschen nehmen und ihnen bei der Lö-
sung von Problemen helfen. Wenn sie an Aufgaben
arbeiten, an die sie glauben, muss man sie nicht be-
aufsichtigen oder motivieren, denn sie bringen all
ihre Energie auf für solche Unterfangen. Dahingegen
fällt es schwer, sie für Aufgaben zu mobilisieren, die

sie langweilen oder nicht mit ihrem Wertesystem ver-
einbar sind. Sie mögen ferner keine individuellen
Aufgaben. Die schlimmste Kombination für *Enthusiasten* ist „statische" Einzelarbeit, die lange Konzentration auf eine individuelle Aufgabe verlangt. Dafür
mögen sie aber Teamarbeit sowie Bewegung, Vielfalt
und häufige Veränderungen.

Fähigkeiten und Herausforderungen

Enthusiasten bewähren sich bei Aufgaben, die nach interpersonellen Fähigkeiten, Einfallsreichtum, Flexi-
bilität sowie Improvisationskunst verlangen. Sie mögen es dort zu sein, wo etwas passiert. Normalerweise stellen sie eine Stütze für andere Mitarbeiter
dar. Sie kommen ihren Bedürfnissen gerne entgegen
und vermögen es, Kompromisse zu schließen. In der
Regel sind *Enthusiasten* einfallsreich und kreativ,
wenngleich sie schnell in Langeweile verfallen. *Enthusiasten* fällt es schwer, eine bereits angefangene
Aufgabe zu beenden, wenn am Horizont neue, aufregendere Projekte auftauchen. Sie haben oftmals
Probleme mit der Verwaltung von Zeit, der Festle-
gung von Prioritäten, Konzentration und der Fokussierung ihrer Aufmerksamkeit auf eine Aufgabe. *Enthusiasten* lassen sich leicht ablenken – den Kampf um
ihre Aufmerksamkeit gewinnen gewöhnlich die
stärksten und frischesten Reize. Sie stören sich an
Unifizierung und Bürokratie. Manchmal lehnen sich
Enthusiasten offen gegen beschwerliche Prozeduren
und für sie realitätsfremde Regeln auf. Ferner können sie Stagnation, Bewegungslosigkeit und Passivität nicht vertragen.

Wenn *Enthusiasten* im Team arbeiten, schätzen sie
eine gesunde und freundschaftliche Atmosphäre. Sie

verlieren den Boden unter den Füßen in Konfliktsituationen und beim Kampf um Einfluss oder eine Vormachtstellung. Sie verstehen Menschen nicht, die beim Kampf um eigene Interessen in der Lage sind, andere zu verletzen. *Enthusiasten* sind nicht imstande, die Motive solcher Verhaltensweisen zu verstehen – das ist nicht ihre Welt.

Vorgesetzte

Enthusiasten mögen Vorgesetzte, die flexibel und offen für innovative Lösungen sind. Ferner sollten Vorgesetzte laut *Enthusiasten* imstande sein, ihren Mitarbeitern die Richtung aufzuweisen, ihnen aber gleichzeitig auch Freiheiten bei der Realisierung ihrer Aufgaben gewähren und ihren individuellen Arbeitsstil respektieren. *Enthusiasten* sind Befürworter von demokratischen Regeln bei der Arbeitsorganisation. Sie schätzen Vorgesetzte, die die Meinung ihrer Mitarbeiter ernst nehmen und ihnen erlauben, für das Unternehmen wichtige Entscheidungen mitzutragen.

Enthusiasten verfügen zudem über natürliche Führungsqualitäten. Sie vermögen es, andere Menschen zu inspirieren, sie anzuführen und zum Handeln zu motivieren. Sie stecken andere Menschen mit ihrer Begeisterung und dem Glauben an den Erfolg gemeinsamer Unterfangen an. Ferner helfen sie anderen, Probleme aus einer breiteren Perspektive zu betrachten und zukünftige Möglichkeiten zu erkennen. Ihre Führungsqualitäten basieren auf der richtigen Erkennung von menschlichen Voraussetzungen sowie auf Vertrauen (*Enthusiasten* mögen keine strenge Kontrolle). Sie sind imstande, die jeweiligen Aufgaben an die entsprechenden Mitarbeiter zu verteilen, weswegen sie immer wissen, wer die Aufgabe am besten meistert.

Als Vorgesetzte verwalten sie ihr Unternehmen oder ihre Abteilung für gewöhnlich mit der Unterstützung anderer Menschen. Dabei versuchen sie unnötiger Bürokratie zu entgehen und ziehen einen natürlichen, informellen Stil vor. Oftmals lassen sich *Enthusiasten* von ihren Mitarbeitern bei den wichtigsten Entscheidungen beraten. Eines ihrer Probleme dabei ist, dass sie es nicht immer vermögen, ihre Mitarbeiter zu disziplinieren. Es passiert ihnen auch oft, dass sie es nicht schaffen, ihre Versprechen einzuhalten, was bei ihren Mitarbeitern zu Frust führt. *Enthusiasten* als Vorgesetzte sind am effektivsten, wenn sie einen Assistenten an ihrer Seite haben, der alle verwaltungstechnischen Aufgaben übernimmt, die Termine im Auge behält und bei der Einhaltung des Zeitplans hilft.

Berufe

Das Wissen über das eigene Persönlichkeitsprofil sowie die natürlichen Präferenzen stellen eine unschätzbare Hilfe bei der Wahl des optimalen Berufsweges dar. Die Erfahrung zeigt, dass *Enthusiasten* mit Erfolg in verschiedenen Bereichen arbeiten und aufgehen können. Doch dieser Persönlichkeitstyp prädisponiert sie auf natürliche Art und Weise zu folgenden Berufen:

- Berater,
- Diplomat,
- Experte für Öffentlichkeitsarbeit,
- Geistlicher,
- Handelsvertreter,
- Innenarchitekt,

- Journalist,
- Konsultant,
- Künstlerischer Leiter,
- Lehrer,
- Logopäde,
- Maler,
- Manager,
- Mitarbeiter in der Sozialhilfe,
- Musiker,
- Politiker,
- Psychiater,
- Psychologe,
- Redakteur,
- Reporter,
- Sanitäter,
- Schauspieler,
- Schriftsteller,
- Therapeut,
- Unternehmer,
- Veranstalter,
- Verkäufer,
- Vermittler,
- Versicherungsvertreter,
- Wissenschaftler.

Potenzielle starke und schwache Seiten

Ähnlich wie auch andere Persönlichkeitstypen haben *Enthusiasten* potenzielle starke und schwache Seiten. Dieses Potenzial kann auf verschiedenste Weise ausgeschöpft werden. Glück im Privatleben sowie Erfolg im Beruf hängen bei *Enthusiasten* davon ab, ob sie die Chancen, die mit ihrem Persönlichkeitstyp verknüpft sind, nutzen und ob sie den Gefahren auf ihrem Weg die Stirn bieten können. Im Folgenden eine ZUSAMMENFASSUNG dieser Chancen und Gefahren:

Potenzielle starke Seiten

Enthusiasten sind energisch und optimistisch. Sie haben eine positive Haltung gegenüber anderen Menschen und achten auf ihre Bedürfnisse. Sie strahlen Wärme und Herzlichkeit aus, danke der sie auf natürliche Art und Weise andere Menschen anziehen und bewirken, dass sie sich in ihrer Gesellschaft wohlfühlen. *Enthusiasten* sind imstande, menschliche Emotionen, Gefühle und Motive (auch die versteckten) zu deuten und schnell zu erkennen, mit wem sie es zu tun haben. Sie verfügen darüber hinaus über eine hervorragende Intuition. In zwischenmenschlichen Beziehungen erweisen sie sehr viel Taktgefühl und wissen, wie sie sich in der jeweiligen Situation verhalten und wie ein Kompromiss geschlossen werden sollte. *Enthusiasten* akzeptieren andere Menschen und respektieren ihren Individualismus sowie ihre Unabhängigkeit. Sie sind tolerant, flexibel und vertragen Veränderungen sehr gut.

Enthusiasten sind Improvisationskünstler und vermögen es, schnell auf neue Gegebenheiten zu reagieren. Sie sind vielseitig, scharfsinnig und kreativ. Ferner eignen sie sich schnell neue Konzepte und abstrakte Theorien an. *Enthusiasten* sind gute Redner, die in der Lage sind, eigene Gedanken auf verständliche Weise zum Ausdruck zu bringen und Überzeugungsgabe besitzen. Sie lassen sich nicht von Widrigkeiten und Hindernissen aufhalten, haben keine Angst vor Experimenten und lösen Probleme auf innovative

Art und Weise. *Enthusiasten* denken global und vermögen es, Verbindungen zwischen einzelnen Phänomenen zu erkennen und Probleme aus einer breiteren Perspektive zu betrachten. Sie verfügen zudem über natürliche Führungsqualitäten, da sie mitunter Menschen motivieren, inspirieren und mit ihrem Optimismus, ihrem Enthusiasmus und ihrem Glauben an den Erfolg anstecken. *Enthusiasten* fördern das Beste aus jedem Menschen und helfen ihnen, ihr Potenzial zu entdecken. Ferner vermögen sie es, Hilfe von anderen anzunehmen und deren Ratschläge zu nutzen.

Potenzielle schwache Seiten

Enthusiasten haben oftmals Probleme, ihre Prioritäten zu bestimmen und sich auf die von ihnen realisierten Aufgaben zu konzentrieren. Für gewöhnlich beginnen sie ihre Arbeit mit voller Begeisterung, wenngleich sie sich danach recht einfach ablenken lassen und es ihnen schwerfällt, ihre Angelegenheiten zu Ende zu bringen. Es kommt vor, dass sie ihre Versprechen nicht einlösen und sich nicht an festgelegte Termine halten bzw. ihre Aufgaben nicht erfüllen. Ferner haben *Enthusiasten* Probleme, ihre Zeit zu verwalten und sie zu planen. Auch mit alltäglichen Situationen, wiederholbaren Tätigkeiten im Privatleben (bspw. Aufräumen, Einkaufen) und Routine auf der Arbeit (bspw. Vorbereitung von Berichten) haben sie Schwierigkeiten.

Enthusiasten vermögen es nicht, konstruktive Kritik zu schätzen und sie zu nutzen, da sie sie normalerweise als Angriff auf ihre Person bzw. Anfechtung ihrer Werte ansehen. Sie sind sehr von der Beurteilung anderer Menschen abhängig und verkraften alle tadelnden Bemerkungen und bissigen Kommentare schlecht. *Enthusiasten* versuchen um jeden Preis, Konflikten und unangenehmen Gesprächen aus dem Weg zu gehen – für gewöhnlich ziehen sie es vor, ein Problem zu verschweigen, statt ihm die Stirn zu bieten.

Enthusiasten haben wiederum auch Probleme, Kritik zu äußern und andere auf etwas aufmerksam zu machen. Sie ersticken ihre negativen Emotionen und ziehen es vor, sich auf die Bedürfnisse anderer zu konzentrieren, statt ihre eigenen in Augenschein zu nehmen. *Enthusiasten* neigen dazu, gutgläubig zu sein und werden dadurch manchmal von anderen Menschen ausgenutzt. Ihre Begeisterung sowie ihre Tendenz, die Welt durch eine rosarote Brille zu betrachten, führen ab und an dazu, dass sie sich realitätsfremd verhalten, Gefahren vernachlässigen und ein viel zu großes Risiko auf sich nehmen.

Persönliche Entwicklung

Die persönliche Entwicklung von *Enthusiasten* hängt davon ab, in welchem Grad sie ihr natürliches Potenzial nutzen und ob sie die Gefahren, die in Verbindung mit ihrem Typ stehen, zu bewältigen vermögen. Die folgenden praktischen Tipps stellen eine Art Dekalog des *Enthusiasten* dar.

Konzentrieren Sie sich

Bestimmen Sie Ihre Prioritäten und versuchen Sie, alles, was Sie anfangen, auch zu beenden. Konzentrieren Sie sich auf die wichtigsten Aufgaben und lassen Sie nicht zu, dass Sie von weniger wichtigen Angelegenheiten abgelenkt werden. Wenn Sie so handeln, vermeiden Sie Frust und können mehr erreichen.

Seien Sie praktischer

Sie haben eine angeborene Tendenz zu idealistischen Ideen, die fern ab der Realität sind. Denken Sie über ihre praktischen Aspekte nach – darüber, wie sie tatsächlich in dieser nicht perfekten Welt realisiert werden könnten.

Haben Sie keine Angst vor Kritik

Haben Sie keine Angst davor, ihre Kritik zu äußern und die Kritik von anderen anzunehmen. Kritik kann konstruktiv sein und muss nicht zwangsläufig einen Angriff auf andere Menschen sowie die Anfechtung ihrer Werte bedeuten.

Schieben Sie anderen nicht die Schuld für Ihre Probleme in die Schuhe

Sie haben den größten Einfluss auf Ihr Leben und Sie sind am kompetentesten, um Ihre Probleme zu lösen. Konzentrieren Sie sich nicht auf externe Widrigkeiten. Konzentrieren Sie sich viel mehr auf Ihre starken Seiten und nutzen Sie Ihr Potenzial.

Hören Sie auf, zu verbessern, und fangen Sie an, zu handeln

Statt sich Gedanken zu machen, wie etwas, was Sie planen, verbessert werden könnte, sollten Sie es einfach machen. Im anderen Fall werden Sie Ihr ganzes Leben mit der Verbesserung Ihrer Pläne verbringen. Machen Sie lieber etwas, was gut ist (nicht zwangsläufig perfekt), statt gar nichts zu machen.

Denken Sie an sich

Denken Sie über Ihre eigenen Bedürfnisse nach und finden Sie die Zeit, um über Ihr Leben zu reflektieren. Lassen Sie sich nicht ausnutzen und lernen Sie, „Nein" zu sagen. Wenn Sie effektiv anderen Menschen helfen wollen, müssen Sie auch für sich selber sorgen.

Haben Sie keine Angst vor Konflikten

Auch unter engsten Vertrauten kommt es manchmal zu Kontroversen. Konflikte bedeuten aber nicht zwangsläufig etwas Destruktives. Oftmals helfen sie dabei, Probleme zu erkennen und sie zu lösen! In Konfliktsituationen sollten Sie also nicht den Kopf in den Sand stecken, sondern offen Ihren Standpunkt vertreten sowie Ihre Gefühle bzgl. der jeweiligen Situation in Worte fassen.

Fragen Sie

Gehen Sie nicht davon aus, dass das Schweigen anderer Menschen Gleichgültigkeit oder Feindseligkeit bedeutet. Wenn Sie wirklich wissen möchten, was andere denken – fragen Sie einfach.

Haben Sie keine Angst vor Ideen und Meinungen, die sich von Ihren unterscheiden

Bevor Sie sie ablehnen, versuchen Sie solche Ideen und Meinungen erst zu verstehen und machen Sie sich zu ihnen Gedanken. Die Offenheit gegenüber anderen Meinungen muss nicht bedeuten, dass Sie Ihre eigenen Ansichten verwerfen.

Äußern Sie negative Emotionen

Unterdrücken Sie nicht Ihre Wut. Wenn Sie sich über eine Situation oder das Verhalten anderer Menschen ärgern, sagen Sie es ihnen einfach. Sie helfen ihnen dadurch zu verstehen, was Ihnen Leid zufügt und vermeiden so geistige Selbstzerstörung und unkontrollierte, heftige Reaktionen.

Bekannte Personen

Eine Liste bekannter Personen, die dem Profil des *Enthusiasten* entsprechen:

- **Joseph Haydn** (1731-1809) – österreichischer Komponist zur Zeit der Wiener Klassik, der erste der sog. drei Wiener Klassiker;
- **Mark Twain**, eigtl. Samuel Langhorne Clemens (1835-1910) – US-amerikanischer Schriftsteller schottischer Abstammung (u. a. *Der Prinz und der Bettelknabe*);
- **Edith Wharton** (1862-1937) – US-amerikanische Schriftstellerin (u. a. *Zeit der Unschuld*);
- **James Dobson** (geb. 1936) – US-amerikanischer christlicher Psychologe und Autor zahlreicher Veröffentlichungen (u. a. *Der kleine Eheratgeber*);
- **Cher**, eigtl. Cherilyn Sarkisian LaPiere (geb. 1946) – US-amerikanische Sängerin und Filmschauspielerin armenischer Abstammung;
- **Jonathan Pryce**, eigtl. Jonathan Price (geb. 1947) – walisischer Filmschauspieler (u. a. *Der Fluch der Karibik*);

- **James Woods** (geb. 1947) – US-amerikanischer Filmschauspieler (u. a. *Salvador*), Drehbuchautor und Regisseur;
- **Gregg Henry** (geb. 1952) – US-amerikanischer Theater- und Filmschauspieler (u. a. *Der Tod kommt zweimal*), Musiker, Sänger und Textautor;
- **Carrie Fisher** (1956-2016) – US-amerikanische Schauspielerin (u. a. *Star Wars*) und Schriftstellerin;
- **Damon Hill** (geb. 1960) – britischer Rennfahrer und Formel-1-Weltmeister;
- **Heather Locklear** (geb. 1961) – US-amerikanische Fernseh- und Filmschauspielerin (u. a. *Der Denver-Clan*);
- **Sandra Bullock** (geb. 1964) – US-amerikanische Filmschauspielerin (u. a. *Während Du schliefst*) und Produzentin;
- **Keanu Reeves** (geb. 1964) – kanadischer Filmschauspieler (u. a. *Matrix*);
- **Jason Statham** (geb. 1967) – britischer Filmschauspieler (u. a. *The Transporter*).

Die 16 Persönlichkeits-typen im Überblick

Der Animateur (ESTP)

Lebensmotto: *Lasst uns etwas unternehmen!*

Energisch, aktiv und unternehmerisch. Sie mögen die Gesellschaft anderer Menschen und sind imstande, den Augenblick zu genießen. Spontan, flexibel und offen für Veränderungen.

Enthusiastische Anreger und Initiatoren, die andere zum Handeln motivieren. Logisch, rational und überaus pragmatisch. *Animateure* sind Realisten, die abstrakte Ideen und die Zukunft betreffende Erwägungen ermüdend finden. Sie konzentrieren sich viel mehr auf konkrete Lösungen von aktuellen Problemen. Sie haben manchmal Schwierigkeiten bei der Organisation und Planung, denn sie neigen zu impulsiven Handlungen, weswegen es passieren kann, dass sie erst handeln und dann nachdenken.

Natürliche Veranlagungen des *Animateurs*

- Die Quelle seiner Lebensenergie: seine äußere Welt.
- Informationsaufnahme: Sinne.
- Art und Weise wie Entscheidungen getroffen werden: Verstand.
- Lebensstil: spontan.

Ähnliche Persönlichkeitstypen

- *Verwalter*
- *Praktiker*
- *Inspektor*

Statistische Angaben

- *Animateure* stellen ca. 6-10 % der Gesellschaft dar.
- Unter *Animateuren* überwiegen Männer (60 %).
- Das Land, welches dem Profil des *Animateurs* entspricht, ist Australien.[2]

Buchstaben-Code

Der universelle Code des *Animateurs* ist in den Jungschen Persönlichkeitstypologien ESTP.

---

[2] Dies bedeutet nicht, dass alle Einwohner von Australien zu dieser Gruppe gehören, wenngleich die australische Gesellschaft – als Ganzes – viele charakteristische Eigenschaften des *Animateurs* verkörpert.

Mehr:

Jarosław Jankowski
Ihr Persönlichkeitstyp: Animateur (ESTP)

Der Anwalt (ESFJ)

Lebensmotto: *Wie kann ich dir helfen?*

Enthusiastisch, energisch und gut organisiert. Praktisch, verantwortungsbewusst und gewissenhaft. Darüber hinaus herzlich und überaus gesellig.

Anwälte erkennen menschliche Stimmungen, Emotionen und Bedürfnisse. Sie schätzen Harmonie und vertragen schlecht Kritik oder Konflikte. Sie sind sehr sensibel in Bezug auf Ungerechtigkeiten sowie das Leid anderer Menschen. Sie interessieren sich aufrichtig für die Probleme anderer und sind glücklich, wenn sie ihnen helfen können. Indem sie sich um die Bedürfnisse anderer kümmern, vernachlässigen sie oftmals ihre eigenen. *Anwälte* neigen dazu, anderen auszuhelfen. Sie sind anfällig für Manipulationen.

Natürliche Veranlagungen des *Anwalts*

- Die Quelle seiner Lebensenergie: seine äußere Welt.
- Informationsaufnahme: Sinne.
- Art und Weise wie Entscheidungen getroffen werden: Herz.
- Lebensstil: organisiert.

Ähnliche Persönlichkeitstypen

- *Moderator*
- *Betreuer*
- *Künstler*

Statistische Angaben

- *Anwälte* stellen ca. 10-13 % der Gesellschaft dar.
- Unter *Anwälten* überwiegen Frauen (70 %).
- Das Land, welches dem Profil des *Anwalts* entspricht, ist Kanada.

Buchstaben-Code

Der universelle Code des *Anwalts* ist in den Jungschen Persönlichkeitstypologien ESFJ.

Mehr:

Jarosław Jankowski
Ihr Persönlichkeitstyp: Anwalt (ESFJ)

Der Berater (ENFJ)

Lebensmotto: *Meine Freunde sind meine Welt.*

Optimistisch, enthusiastisch und scharfsinnig. Höflich und taktvoll. Sie verfügen über ein unglaubliches Empathievermögen, wodurch es sie glücklich stimmt, durch selbstloses Handeln anderen Menschen Gutes zu tun. *Berater* vermögen es, Einfluss auf das Leben anderer zu nehmen – sie inspirieren, entdecken in ihnen verstecktes Potenzial und verleihen ihnen Glauben an das eigene Können. *Berater* strahlen Wärme aus, weswegen sie andere Menschen anziehen. Sie helfen ihnen oftmals, persönliche Probleme zu lösen.

Doch *Berater* neigen dazu, gutgläubig zu sein und die Welt durch eine rosarote Brille zu betrachten. Da sie ständig auf andere Menschen fixiert sind, vergessen sie oftmals ihre eigenen Bedürfnisse.

Natürliche Veranlagungen des *Beraters*

- Die Quelle seiner Lebensenergie: seine äußere Welt.
- Informationsaufnahme: Intuition.
- Art und Weise wie Entscheidungen getroffen werden: Herz.
- Lebensstil: organisiert.

Ähnliche Persönlichkeitstypen

- *Enthusiast*
- *Mentor*
- *Idealist*

Statistische Angaben

- *Berater* stellen ca. 3-5 % der Gesellschaft dar.
- Unter *Beratern* überwiegen Frauen (80 %).
- Das Land, welches dem Profil des *Beraters* entspricht, ist Frankreich.

Buchstaben-Code

Der universelle Code des *Beraters* ist in den Jungschen Persönlichkeitstypologien ENFJ.

Mehr:

Jarosław Jankowski
Ihr Persönlichkeitstyp: Berater (ENFJ)

Der Betreuer (ISFJ)

Lebensmotto: *Mir liegt viel an deinem Glück.*

Herzlich, bescheiden, vertrauenswürdig und überaus loyal. An erster Stelle stehen für *Betreuer* andere Menschen. Sie erkennen ihre Bedürfnisse und möchten ihnen helfen. Sie sind praktisch, gut organisiert und verantwortungsbewusst. Ferner zeichnen sie sich durch Geduld, Fleiß und Ausdauer aus. Sie führen ihre Pläne zu Ende.

Betreuer bemerken und prägen sich Details ein. Sie schätzen Ruhe, Stabilität und freundschaftliche Beziehungen zu anderen Menschen. Darüber hinaus vermögen sie es, Brücken zwischen Menschen zu bauen. Sie vertragen nur schlecht Kritik und Konflikte. *Betreuer* verfügen über ein starkes Pflichtbewusstsein und sind stets bereit anderen zu helfen. Manchmal werden sie von anderen ausgenutzt.

Natürliche Veranlagungen des *Betreuers*

- Die Quelle seiner Lebensenergie: sein Inneres.
- Informationsaufnahme: Sinne.
- Art und Weise wie Entscheidungen getroffen werden: Herz.
- Lebensstil: organisiert.

Ähnliche Persönlichkeitstypen

- *Künstler*
- *Anwalt*
- *Moderator*

Statistische Angaben

- *Betreuer* stellen ca. 8-12 % der Gesellschaft dar.
- Unter *Betreuern* überwiegen Frauen (70 %).
- Das Land, welches dem Profil des *Betreuers* entspricht, ist Schweden.

Buchstaben-Code

Der universelle Code des *Betreuers* ist in den Jungschen Persönlichkeitstypologien ISFJ.

Mehr:

Jarosław Jankowski
Ihr Persönlichkeitstyp: Betreuer (ISFJ)

Der Direktor (ENTJ)

Lebensmotto: *Ich sage euch, was zu tun ist!*

Unabhängig, aktiv und entschieden. Rational, logisch und kreativ. *Direktoren* betrachten analysierte Probleme in einem breiteren Kontext und sind imstande, die Konsequenzen von menschlichem Verhalten vorherzusehen. Sie zeichnen sich durch Optimismus und eine gesunde Selbstsicherheit aus. Sie können theoretische Konzepte in konkrete, praktische Pläne umwandeln.

Visionäre, Mentoren und Organisatoren. *Direktoren* verfügen über natürliche Führungsqualitäten.

Ihre starke Persönlichkeit, ihr kritisches Urteilsvermögen sowie ihre Direktheit verunsichern andere Menschen häufig und führen zu Problemen bei zwischenmenschlichen Beziehungen.

Natürliche Veranlagungen des *Direktors*

- Die Quelle seiner Lebensenergie: seine äußere Welt.
- Informationsaufnahme: Intuition.
- Art und Weise wie Entscheidungen getroffen werden: Verstand.
- Lebensstil: organisiert.

Ähnliche Persönlichkeitstypen

- *Reformer*
- *Stratege*
- *Logiker*

Statistische Angaben

- *Direktoren* stellen ca. 2-5 % der Gesellschaft dar.
- Unter *Direktoren* überwiegen Männer (70 %).
- Das Land, welches dem Profil des *Direktors* entspricht, sind die Niederlande.

Buchstaben-Code

Der universelle Code des *Direktors* ist in den Jungschen Persönlichkeitstypologien ENTJ.

Mehr:

Jarosław Jankowski
Ihr Persönlichkeitstyp: Direktor (ENTJ)

Der Enthusiast (ENFP)

Lebensmotto: *Wir schaffen das!*

Energisch, enthusiastisch und optimistisch. Sie sind lebensfreudig und sind mit den Gedanken in der Zukunft. Dynamisch, scharfsinnig und kreativ. *Enthusiasten* mögen Menschen und schätzen ehrliche und authentische Beziehungen. Sie sind herzlich und emotional. *Enthusiasten* können aber schlecht mit Kritik umgehen. Sie verfügen über Empathie und erkennen die Bedürfnisse, Emotionen und Motive anderer Menschen. Sie inspirieren und stecken andere mit ihrem Enthusiasmus an.

Enthusiasten mögen es, im Zentrum der Aufmerksamkeit zu sein. Sie sind flexibel und vermögen es, zu improvisieren. Sie neigen zu idealistischen Ideen. *Enthusiasten* lassen sich einfach ablenken und haben Probleme damit, viele Angelegenheiten zu Ende zu bringen.

Natürliche Veranlagungen des *Enthusiasten*

- Die Quelle seiner Lebensenergie: seine äußere Welt.
- Informationsaufnahme: Intuition.
- Art und Weise wie Entscheidungen getroffen werden: Herz.
- Lebensstil: spontan.

Ähnliche Persönlichkeitstypen

- *Berater*
- *Idealist*
- *Mentor*

Statistische Angaben

- *Enthusiasten* stellen ca. 5-8 % der Gesellschaft dar.
- Unter *Enthusiasten* überwiegen Frauen (60 %).
- Das Land, welches dem Profil des *Enthusiasten* entspricht, ist Italien.

Buchstaben-Code

Der universelle Code des *Enthusiasten* ist in den Jungschen Persönlichkeitstypologien ENFP.

Mehr:

Jarosław Jankowski
Ihr Persönlichkeitstyp: Enthusiast (ENFP)

Der Idealist (INFP)

Lebensmotto: *Man kann anders leben.*

Sensibel, loyal und kreativ. Sie möchten im Einklang mit ihren Werten leben. *Idealisten* interessieren sich für die spirituelle Wirklichkeit und gehen den Geheimnissen des Lebens nach. Sie nehmen sich die Probleme der Welt zu Herzen und stehen Bedürfnissen anderer Menschen offen gegenüber. *Idealisten* schätzen Harmonie und Ausgeglichenheit.

Sie sind romantisch und dazu fähig, ihre Liebe zu anderen zu äußern, wobei sie selbst auch Wärme und Zärtlichkeit brauchen. Sie vermögen es, Motive und Gefühle anderer Menschen hervorragend zu erkennen. *Idealisten* bauen gesunde, tiefgründige und dauerhafte Beziehungen auf. In Konfliktsituationen verlieren sie den Boden unter den Füßen. Sie können Kritik und Stress nicht vertragen.

Natürliche Veranlagungen des *Idealisten*

- Die Quelle seiner Lebensenergie: seine innere Welt.
- Informationsaufnahme: Intuition.
- Art und Weise wie Entscheidungen getroffen werden: Herz.
- Lebensstil: spontan.

Ähnliche Persönlichkeitstypen

- *Mentor*
- *Enthusiast*
- *Berater*

Statistische Angaben

- *Idealisten* stellen ca. 1-4 % der Gesellschaft dar.
- Unter *Idealisten* überwiegen Frauen (60 %).
- Das Land, welches dem Profil des *Idealisten* entspricht, ist Thailand.

Buchstaben-Code

Der universelle Code des *Idealisten* ist in den Jungschen Persönlichkeitstypologien INFP.

Mehr:

Jarosław Jankowski
Ihr Persönlichkeitstyp: Idealist (INFP)

Der Inspektor (ISTJ)

Lebensmotto: *Die Pflicht geht vor.*

Menschen, auf die man sich immer verlassen kann. Wohlerzogen, pünktlich, zuverlässig, gewissenhaft, verantwortungsbewusst – die Zuverlässigkeit in Person. Analytisch, methodisch, systematisch und logisch. *Inspektoren* werden als beherrschte, kühle und ernsthafte Menschen angesehen. Sie schätzen Ruhe, Stabilität und Ordnung. *Inspektoren* mögen keine Veränderungen, dafür aber klare und konkrete Regeln.

Sie sind arbeitsam und ausdauernd, weswegen sie Angelegenheiten zu Ende bringen können. Es sind Perfektionisten, die über alles die Kontrolle haben möchten. Sie äußern sparsam Lob und sind nicht imstande, der Wichtigkeit der Gefühle und Emotionen anderer Menschen die gebürtige Beachtung zu schenken.

Natürliche Veranlagungen des *Inspektors*

- Die Quelle seiner Lebensenergie: seine innere Welt.
- Informationsaufnahme: Sinne.
- Art und Weise wie Entscheidungen getroffen werden: Verstand.
- Lebensstil: organisiert.

Ähnliche Persönlichkeitstypen

- *Praktiker*
- *Verwalter*
- *Animateur*

Statistische Angaben

- *Inspektoren* stellen ca. 6-10 % der Gesellschaft dar.
- Unter *Inspektoren* überwiegen Männer (60 %).
- Das Land, welches dem Profil des *Inspektors* entspricht, ist die Schweiz.

Buchstaben-Code

Der universelle Code des *Inspektors* ist in den Jungschen Persönlichkeitstypologien ISTJ.

Mehr:

Jarosław Jankowski
Ihr Persönlichkeitstyp: Inspektor (ISTJ)

Der Künstler (ISFP)

Lebensmotto: *Lasst uns etwas erschaffen!*

Sensibel, kreativ und originell. Sie haben ein Gefühl für Ästhetik und angeborene künstlerische Fähigkeiten. Unabhängig – *Künstler* agieren nach ihrem eigenen Wertesystem und ordnen sich keinerlei Druck von außen unter. Sie sind optimistisch und verfügen über eine positive Lebenseinstellung, weswegen sie jeden Augenblick genießen können.

Sie sind glücklich, wenn sie anderen helfen können. Abstrakte Theorien langweilen sie, denn *Künstler* ziehen es vor, die Realität zu erschaffen und nicht über sie zu sprechen. Es fällt ihnen jedoch weitaus leichter, neue Pläne zu realisieren, als bereits begonnene abzuschließen. Sie haben Schwierigkeiten, ihre eigenen Bedürfnisse und Wünsche zu äußern.

Natürliche Veranlagungen des *Künstlers*

- Die Quelle seiner Lebensenergie: seine innere Welt.
- Informationsaufnahme: Sinne.
- Art und Weise wie Entscheidungen getroffen werden: Herz.
- Lebensstil: spontan.

Ähnliche Persönlichkeitstypen

- *Betreuer*
- *Moderator*
- *Anwalt*

Statistische Angaben

- *Künstler* stellen ca. 6-9 % der Gesellschaft dar.
- Unter *Künstlern* überwiegen Frauen (60 %).
- Das Land, welches dem Profil des *Künstlers* entspricht, ist China.

Buchstaben-Code

Der universelle Code des *Künstlers* ist in den Jungschen Persönlichkeitstypologien ISFP.

Mehr:

Jarosław Jankowski
Ihr Persönlichkeitstyp: Künstler (ISFP)

Der Logiker (INTP)

Lebensmotto: *Man muss vor allem die Wahrheit über die Welt kennenlernen.*

Originell, einfallsreich und kreativ. *Logiker* mögen es, theoretische Probleme zu lösen. Sie sind analytisch, scharfsinnig und begegnen neuen Ideen mit Begeisterung. *Logiker* vermögen es, einzelne Phänomene zu verbinden und mithilfe von ihnen allgemeine Regeln und Theorien aufzustellen. Sie agieren logisch, präzise und tiefgründig. Unklare Zusammenhänge und Inkonsequenzen werden von ihnen schnell erkannt.

Sie sind unabhängig und skeptisch gegenüber bereits vorliegenden Lösungen sowie Autoritäten. Zugleich sind sie tolerant und offen für neue Herausforderungen. Versunken in Gedanken verlieren sie ab und an den Kontakt zur Außenwelt.

Natürliche Veranlagungen des *Logikers*

- Die Quelle seiner Lebensenergie: seine innere Welt.
- Informationsaufnahme: Intuition.
- Art und Weise wie Entscheidungen getroffen werden: Verstand.
- Lebensstil: spontan.

Ähnliche Persönlichkeitstypen

- *Stratege*
- *Reformer*
- *Direktor*

Statistische Angaben

- *Logiker* stellen ca. 2-3 % der Gesellschaft dar.
- Unter *Logikern* überwiegen Männer (80 %).
- Das Land, welches dem Profil des *Logikers* entspricht, ist Indien.

Buchstaben-Code

Der universelle Code des *Logikers* ist in den Jungschen Persönlichkeitstypologien INTP.

Mehr:

Jarosław Jankowski
Ihr Persönlichkeitstyp: Logiker (INTP)

Der Mentor (INFJ)

Lebensmotto: *Die Welt könnte besser sein!*

Kreativ, sensibel, auf die Zukunft fixiert. *Mentoren* sehen Möglichkeiten, die andere Menschen nicht erkennen. Es sind Idealisten und Visionäre, die sich darauf konzentrieren, Menschen zu helfen. Pflichtbewusst und verantwortungsbewusst, zugleich auch höflich, fürsorglich und freundschaftlich. Sie versuchen, die Mechanismen der Weltordnung zu verstehen und betrachten Probleme aus einer breiten Perspektive.

Hervorragende Zuhörer und Beobachter. Sie zeichnen sich aus durch Empathie, Intuition und Vertrauen in Menschen. *Mentoren* sind imstande, Gefühle und Emotionen zu lesen, können wiederum aber nur schlecht Kritik annehmen und sich in Konfliktsituationen zurechtfinden. Andere können sie gelegentlich als enigmatisch empfinden.

Natürliche Veranlagungen des *Mentors*

- Die Quelle seiner Lebensenergie: seine innere Welt.
- Informationsaufnahme: Intuition.
- Art und Weise wie Entscheidungen getroffen werden: Herz.
- Lebensstil: organisiert.

Ähnliche Persönlichkeitstypen

- *Idealist*
- *Berater*
- *Enthusiast*

Statistische Angaben

- *Mentoren* stellen ca. 1 % der Gesellschaft dar und sind damit der seltenste Persönlichkeitstyp.
- Unter *Mentoren* überwiegen Frauen (80 %).
- Das Land, welches dem Profil des *Logikers* entspricht, ist Norwegen.

Buchstaben-Code

Der universelle Code des *Mentors* ist in den Jungschen Persönlichkeitstypologien INFJ.

Mehr:

Jarosław Jankowski
Ihr Persönlichkeitstyp: Mentor (INFJ)

Der Moderator (ESFP)

Lebensmotto: *Heute ist der richtige Zeitpunkt!*

Optimistisch, energisch und offen gegenüber Menschen. *Moderatoren* sind lebenslustig und haben gerne Spaß. Sie sind praktisch, zugleich aber auch flexibel und spontan. Sie mögen Veränderungen und neue Erfahrungen. Einsamkeit, Stagnation und Routine hingegen vertragen sie eher schlecht. *Moderatoren* mögen es, im Zentrum der Aufmerksamkeit zu stehen.

Sie verfügen über ein natürliches Schauspieltalent und über die Gabe, interessant und packend zu berichten. Indem sie sich auf das Hier und Jetzt konzentrieren verlieren sie manchmal langfristige Ziele aus den Augen. Sie neigen dazu, Konsequenzen ihres Handelns nicht richtig einschätzen zu können.

Natürliche Veranlagungen des *Moderators*

- Die Quelle seiner Lebensenergie: seine äußere Welt.
- Informationsaufnahme: Sinne.
- Art und Weise wie Entscheidungen getroffen werden: Herz.
- Lebensstil: spontan.

Ähnliche Persönlichkeitstypen

- *Anwalt*
- *Künstler*
- *Betreuer*

Statistische Angaben

- *Moderatoren* stellen ca. 8-13 % der Gesell-schaft dar.
- Unter *Moderatoren* überwiegen Frauen (60 %).
- Das Land, welches dem Profil des *Moderators* entspricht, ist Brasilien.

Buchstaben-Code

Der universelle Code des *Moderators* ist in den Jungschen Persönlichkeitstypologien ESFP.

Mehr:

Jarosław Jankowski
Ihr Persönlichkeitstyp: Moderator (ESFP)

Der Praktiker (ISTP)

Lebensmotto: *Taten sind wichtiger als Worte.*

Optimistisch, spontan und mit einer positiven Lebenseinstellung. Beherrschte und unabhängige Menschen, die ihren eigenen Überzeugungen treu sind und äußeren Normen und Regeln skeptisch gegenüberstehen. *Praktiker* sind nicht an Theorien oder Überlegungen bzgl. der Zukunft interessiert. Sie ziehen es vor, konkrete und handfeste Probleme zu lösen.

Sie passen sich gut an neue Orte und Situationen an und mögen Herausforderungen und das Risiko. Ferner vermögen sie es, bei Gefahr einen kühlen Kopf zu behalten. Ihre Wortkargheit und extreme Zurückhaltung bei der Äußerung von Meinungen bewirken, dass sie für andere Menschen manchmal unverständlich erscheinen.

Natürliche Veranlagungen des *Praktikers*

- Die Quelle seiner Lebensenergie: seine innere Welt.
- Informationsaufnahme: Sinne.
- Art und Weise wie Entscheidungen getroffen werden: Verstand.
- Lebensstil: spontan.

Ähnliche Persönlichkeitstypen

- *Inspektor*
- *Animateur*
- *Verwalter*

Statistische Angaben

- *Praktiker* stellen ca. 6-9 % der Gesellschaft dar.
- Unter *Praktiker* überwiegen Männer (60 %).
- Das Land, welches dem Profil des *Praktikers* entspricht, ist Singapur.

Buchstaben-Code

Der universelle Code des *Praktikers* ist in den Jungschen Persönlichkeitstypologien ISTP.

Mehr:

Jarosław Jankowski
Ihr Persönlichkeitstyp: Praktiker (ISTP)

Der Reformer (ENTP)

Lebensmotto: *Und wenn man versuchen würde, es anders zu machen?*

Ideenreich, originell und unabhängig. *Reformer* sind Optimisten. Sie sind energisch und unternehmerisch. Wahrhaftige Tatmenschen, die gerne im Zentrum des Geschehens sind und „unlösbare Probleme" lösen. Sie sind an der Welt interessiert, risikofreudig und ungeduldig. Visionäre, die offen für neue Ideen sind. Sie mögen neue Erfahrungen und Experimente. Ferner erkennen sie die Verbindungen zwischen einzelnen Ereignissen und sind mit ihren Gedanken in der Zukunft.

Spontan, kommunikativ und selbstsicher. *Reformer* neigen dazu, ihre eigenen Fähigkeiten zu überschätzen. Darüber hinaus haben sie Probleme damit, etwas zu Ende zu bringen.

Natürliche Veranlagungen des *Reformers*

- Die Quelle seiner Lebensenergie: seine äußere Welt.
- Informationsaufnahme: Intuition.
- Art und Weise wie Entscheidungen getroffen werden: Verstand.
- Lebensstil: spontan.

Ähnliche Persönlichkeitstypen

- *Direktor*
- *Logiker*
- *Stratege*

Statistische Angaben

- *Reformer* stellen ca. 3-5 % der Gesellschaft dar.
- Unter *Reformern* überwiegen Männer (70 %).
- Das Land, welches dem Profil des *Reformers* entspricht, ist Israel.

Buchstaben-Code

Der universelle Code des *Reformers* ist in den Jungschen Persönlichkeitstypologien ENTP.

Mehr:

Jarosław Jankowski
Ihr Persönlichkeitstyp: Reformer (ENTP)

Der Stratege (INTJ)

Lebensmotto: *Das lässt sich perfektionieren!*

Unabhängige, herausragende Individualisten, die über unglaublich viel Energie verfügen. Sie sind kreativ und einfallsreich. Von anderen werden sie als kompetente und selbstsichere Menschen angesehen, wenngleich sie distanziert und enigmatisch wirken. *Strategen* betrachten alle Angelegenheiten aus einer breiten Perspektive. Sie möchten ihre Umwelt perfektionieren und ordnen.

Strategen sind gut organisiert, verantwortungsbewusst, kritisch und anspruchsvoll. Es ist schwer, sie aus dem Gleichgewicht zu bringen. Zugleich ist es aber auch nicht einfach, sie völlig zufrieden zu stellen. Ihre Natur erschwert es ihnen, die Gefühle und Emotionen anderer Menschen zu erkennen.

Natürliche Veranlagungen des *Strategen*

- Die Quelle seiner Lebensenergie: seine innere Welt.
- Informationsaufnahme: Intuition.
- Art und Weise wie Entscheidungen getroffen werden: Verstand.
- Lebensstil: organisiert.

Ähnliche Persönlichkeitstypen

- *Logiker*
- *Direktor*
- *Reformer*

Statistische Angaben

- *Strategen* stellen ca. 1-2 % der Gesellschaft dar.
- Unter *Strategen* überwiegen Männer (80 %).
- Das Land, welches dem Profil des *Strategen* entspricht, ist Finnland.

Buchstaben-Code

Der universelle Code des *Strategen* ist in den Jungschen Persönlichkeitstypologien INTJ.

Mehr:

Jarosław Jankowski
Ihr Persönlichkeitstyp: Stratege (INTJ)

Der Verwalter (ESTJ)

Lebensmotto: *Erledigen wir diese Aufgabe!*

Fleißig, verantwortungsbewusst und überaus loyal. Energisch und entschieden. Sie schätzen Ordnung, Stabilität, Sicherheit und klare Regeln. *Verwalter* sind sachlich und konkret. Sie sind logisch, rational und praktisch. Sie vermögen es, sich eine große Menge detaillierter Informationen anzueignen.

Hervorragende Organisatoren, die Ineffizienz, Verschwendung und Faulheit nicht dulden. Sie sind ihren Überzeugungen treu und aufgeschlossen gegenüber anderen Menschen. Sie legen ihre Meinung entschieden dar und üben offen Kritik aus, weswegen sie manchmal ungewollt andere Menschen verletzen.

Natürliche Veranlagungen des *Verwalters*

- Die Quelle seiner Lebensenergie: seine äußere Welt.
- Informationsaufnahme: Sinne.
- Art und Weise wie Entscheidungen getroffen werden: Verstand.
- Lebensstil: organisiert.

Ähnliche Persönlichkeitstypen

- *Animateur*
- *Inspektor*
- *Praktiker*

Statistische Angaben

- *Verwalter* stellen ca. 10-13 % der Gesellschaft dar.
- Unter *Verwaltern* überwiegen Männer
  (60 %).
- Das Land, welches dem Profil des *Verwalters* entspricht, sind die USA.

Buchstaben-Code

Der universelle Code des *Verwalters* ist in den
Jungschen Persönlichkeitstypologien ESTJ.

Mehr:

Jarosław Jankowski
Ihr Persönlichkeitstyp: Verwalter (ESTJ)

Anhang

Die vier natürlichen Veranlagungen

1. Dominierende Quelle der Lebensenergie

    o ÄUSSERE WELT
       Menschen, die ihre Energie aus der
       Umwelt schöpfen, die Aktivitäten und
       Kontakt mit anderen Menschen benöti-
       gen. Sie vertragen längere Einsamkeit
       nur schlecht.

    o INNERE WELT
       Menschen, die ihre Energie aus ihrem
       Innern schöpfen, die Ruhe und Ein-
       samkeit brauchen. Sie fühlen sich er-
       schöpft, wenn sie längere Zeit mit an-
       deren Menschen verbringen.

2. Dominierende Art, Informationen aufzunehmen

- ○ SINNE
  Menschen, die auf ihre fünf Sinne vertrauen. Sie glauben an Fakten und Beweise und mögen erprobte Methoden sowie praktische und konkrete Aufgaben. Sie sind Realisten, die sich auf ihre Erfahrung stützen.

- ○ INTUITION
  Menschen, die auf ihren sechsten Sinn vertrauen. Sie lassen sich durch Vorahnungen leiten und mögen innovative Lösungen sowie Probleme theoretischer Natur. Sie zeichnen sich durch eine kreative Herangehensweise sowie die Fähigkeit aus, Dinge vorherzusehen.

3. Dominierende Art, Entscheidungen zu treffen

- ○ VERSTAND
  Menschen, die sich nach ihrer Logik und objektiven Regeln richten. Sie sind kritisch und direkt, wenn sie ihre Meinung äußern.

- ○ HERZ
  Menschen, die sich nach ihren Empfindungen und Werten richten. Sie streben nach Harmonie und Einverständnis mit anderen.

4. Dominierender Lebensstil

  o ORGANISIERT
   Menschen, die pflichtbewusst und organisiert sind. Sie schätzen Ordnung und
   mögen es, nach Plan zu handeln.

  o SPONTAN
   Flexible Menschen, die ihre Freiheit
   schätzen. Sie erfreuen sich des Augen-
   blicks und finden sich gut in neuen Situationen zurecht.

Geschätzter Anteil der einzelnen Persönlichkeitstypen an der Bevölkerung (in %)

Persönlichkeitstyp	Anteil
Animateur (ESTP):	6 – 10 %
Anwalt (ESFJ):	10 – 13 %
Berater (ENFJ):	3 – 5 %
Betreuer (ISFJ):	8 – 12 %
Direktor (ENTJ):	2 – 5 %
Enthusiast (ENFP):	5 – 8 %
Idealist (INFP):	1 – 4 %
Inspektor (ISTJ):	6 – 10 %
Künstler (ISFP):	6 – 9 %
Logiker (INTP):	2 – 3 %
Mentor (INFJ):	ca. 1 %
Moderator (ESFP):	8 – 13 %
Praktiker (ISTP):	6 – 9 %
Reformer (ENTP):	3 – 5 %

Stratege (INTJ):   1 – 2 %
Verwalter (ESTJ):   10 – 13 %

Geschätztes prozentuales Verhältnis von Frauen und Männern je nach Persönlichkeitstyp

Persönlichkeitstyp Frauen/Männer

Animateur (ESTP):   40 % / 60 %
Anwalt (ESFJ):   70 % / 30 %
Berater (ENFJ):   80 % / 20 %
Betreuer (ISFJ):   70 % / 30 %
Direktor (ENTJ):   30 % / 70 %
Enthusiast (ENFP):   60 % / 40 %
Idealist (INFP):   60 % / 40 %
Inspektor (ISTJ):   40 % / 60 %
Künstler (ISFP):   60 % / 40 %
Logiker (INTP):   20 % / 80 %
Mentor (INFJ):   80 % / 20 %
Moderator (ESFP):   60 % / 40 %
Praktiker (ISTP):   40 % / 60 %
Reformer (ENTP):   30 % / 70 %
Stratege (INTJ):   20 % / 80 %
Verwalter (ESTJ):   40 % / 60 %

Literaturverzeichnis

- Arraj, J. (1990): *Tracking the Elusive Human, Volume 2: An Advanced Guide to the Typological Worlds of C. G. Jung, W.H. Sheldon, Their Integration, and the Biochemical Typology of the Future.* Midland, OR: Inner Growth Books.

- Arraj, J. / Arraj, T. (1988): *Tracking the Elusive Human, Volume 1: A Practical Guide to C.G. Jung's Psychological Types, W.H. Sheldon's Body and Temperament Types and Their Integration.* Chiloquin, OR: Inner Growth Books.

- Berens, L. V. / Cooper, S. A. / Ernst, L. K. / Martin, C. R. / Myers, S. / Nardi, D. / Pearman, R. R./Segal, M./Smith, M. A. (2002): *Quick Guide to the 16 Personality Types in Organizations: Understanding Personality Differences in the Workplace.* Fountain Valley, CA: Telos Publications.

- Geier, J. G./Downey, D. E. (1989): *Energetics of Personality*: Success Through Quality

Action. Minneapolis, MN: Aristos Publishing House.

- Hunsaker, P. L. / Alessandra, T. (1986): *The Art of Managing People*. New York, NY: Simon and Schuster.

- Jung, C. G. (1995): *Psychologische Typen*. Ostfildern: Patmos Verlag.

- Kise, J. A. G. / Krebs Hirsh, S. / Stark, D. (2005): *LifeKeys: Discover Who You Are*. Bloomington, MN: Bethany House.

- Kroeger, O. / Thuesen, J. M. (1988): *Type Talk or How to Determine Your Personality Type and Change Your Life*. New York, NY: Delacorte Press.

- Lawrence, G. D. (1997): *Looking at Type and Learning Styles*. Gainesville, FL: Center for Applications of Psychological Type.

- Lawrence, G. D. (1993): *People Types and Tiger Stripes*. Gainesville, FL: Center for Applications of Psychological Type.

- Maddi, S. R. (2001): *Personality Theories: A Comparative Analysis*. Long Grove, IL: Waveland Press.

- Martin, C. R. (2001): *Looking at Type: The Fundamentals Using Psychological Type To Understand and Appreciate Ourselves and Others*. Gainesville, FL: Center for Applications of Psychological Type.

- Meier, C. A. (1986): *Persönlichkeit: Der Individuationsprozess im Lichte der Typologie C. G. Jungs*. Einsiedeln: Daimon.

- Pearman, R. R. / Albritton, S. C. (2010): *I'm Not Crazy, I'm Just Not You: The Real Meaning of the Sixteen Personality Types.* Boston, MA: Nicholas Brealey Publishing.

- Segal,M. (2001): *Creativity and Personality Type: Tools for Understanding and Inspiring the Many Voices of Creativity.* Fountain Valley, CA: Telos Publications.
- Sharp, D. (1987): *Personality Type: Jung's Model of Typology.* Toronto: Inner City Books.
- Spoto, A. (1995): *Jung's Typology in Perspective.* Asheville, NC: Chiron Publications.
- Tannen, D. (1990): *You Just Don't Understand:* Women and Men in Conversation. New York, NY: William Morrow and Company.
- Thomas, J. C. / Segal, D. L. (2005): *Comprehensive Handbook of Personality and Psychopathology, Personality and Everyday Functioning.* Hoboken, NJ: Wiley.
- Thomson, L. (1998): *Personality Type: An Owner's Manual.* Boston, MA: Shambhala.
- Tieger, P. D./Barron-Tieger, B. (2000): *Just Your Type: Create the Relationship You've Always Wanted Using the Secrets of Personality Type.* New York, NY: Little, Brown and Company.
- Von Franz, M.-L. / Hillman, J. (1971): *Lectures on Jung's Typology.* New York, NY: Continuum International Publishing Group.

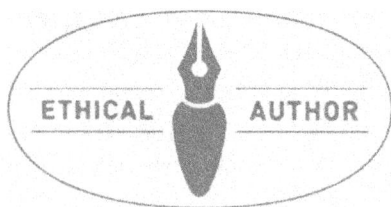

Der Leser steht an erster Stelle.

Eine Autorenkampagne
der Alliance of Independent Authors

www.ingramcontent.com/pod-product-compliance
Lightning Source LLC
Chambersburg PA
CBHW031206020426
42333CB00013B/812